# Je suis

## une personne

## _formidable_ !

# Du même auteur

Alexandre CAUCHOIS

# Je suis

## une personne

# _formidable_ !

αurale
BIEN-ÊTRE

*Je dédie cet outil
à mon amie Aurélia,
qui me l'a inspiré.*

*Cet outil m'est offert par :*

_____

Nous vivons en moyenne 3 fois plus d'expériences positives que négatives.*

Pourtant, nous nous souvenons généralement mieux de ce qui ne s'est pas bien passé. Il est temps, pour être en pleine forme au quotidien, de changer cela !

Voici comment...

* étude de *Gable & Haidt*

## Je suis une personne formidable !

Chaque jour, je note une chose que j'ai accomplie. Un petit service rendu, une attention faite à quelqu'un, une tâche importante ou un travail réalisé, un objectif atteint...

Tous ces petits riens que je réalise au quotidien, qui font de moi une personne unique et formidable. Lorsque j'ai un coup de mou, il me suffit de revoir combien je suis une personne qui réussit pleinement sa vie !

Je profite de ce moment rien que pour moi afin de méditer sur une citation qui me fait du bien.

*Je suis une personne formidable !*

Semaine du _____

# 1

au _____

Lundi _____

_____

_____

_____

Mardi _____

_____

_____

_____

Mercredi _____

_____

_____

_____

*"J'ai choisi de vivre
de mon bonheur."*
*Alexandre Cauchois*

*Je suis une personne formidable !*

**Jeudi** _____

_____

_____

_____

**Vendredi** _____

_____

_____

_____

**Samedi** _____

_____

_____

_____

**Dimanche** _____

_____

_____

_____

*Je réussis pleinement ma vie.*

Semaine du _____

## 2

au _____

Lundi _____

_____

_____

_____

Mardi _____

_____

_____

_____

Mercredi _____

_____

_____

_____

*"Ce n'est pas le vent qui décide de votre destination, c'est l'orientation que vous donnez à la voile ; le vent est le même pour tous."*
Jim Rohn

*Je suis une personne formidable !*

**Jeudi** _____

_____

_____

_____

**Vendredi** _____

_____

_____

_____

**Samedi** _____

_____

_____

_____

**Dimanche** _____

_____

_____

_____

*Je réussis pleinement ma vie.*

*Je suis une personne formidable !*

Semaine du _____

**3**   au _____

Lundi _____

_____

_____

_____

Mardi _____

_____

_____

_____

Mercredi _____

_____

_____

_____

*"Vous n'allez pas réussir votre vie en un jour. Respirez ! Réussissez votre journée. Et continuez de faire ça chaque jour."*
*Tibo Inshape*

*Je suis une personne formidable !*

Jeudi _____

_____

_____

_____

Vendredi _____

_____

_____

_____

Samedi _____

_____

_____

_____

Dimanche _____

_____

_____

_____

*Je réussis pleinement ma vie.*

*Je suis une personne formidable !*

*Semaine du* _____

# 4

*au* _____

*Lundi* _____

_____

_____

_____

*Mardi* _____

_____

_____

_____

*Mercredi* _____

_____

_____

_____

*"Dès l'instant où vous aurez foi en vous-même, vous saurez comment vivre."*
*Johan Wolfgang von Goethe*

*Je suis une personne formidable !*

**Jeudi** _____

_____

_____

_____

**Vendredi** _____

_____

_____

_____

**Samedi** _____

_____

_____

_____

**Dimanche** _____

_____

_____

_____

*Je réussis pleinement ma vie.*

*Je suis une personne formidable !*

Semaine du _____

## 5

*au* _____

Lundi _____

_____

_____

_____

Mardi _____

_____

_____

_____

Mercredi _____

_____

_____

_____

"*Les gens qui attendent un coup de baguette magique ne réalisent pas qu'ils sont la baguette magique.*"
*Thomas Léonard*

*Je suis une personne formidable !*

Jeudi _____

_____

_____

_____

Vendredi _____

_____

_____

_____

Samedi _____

_____

_____

_____

Dimanche _____

_____

_____

_____

*Je réussis pleinement ma vie.*

*Je suis une personne formidable !*

*Semaine du* _____

# 6

*au* _____

*Lundi* _____

_____

_____

_____

*Mardi* _____

_____

_____

_____

*Mercredi* _____

_____

_____

_____

*"Un coeur rempli de gratitude est
perpétuellement en fête."*
William John Cameron

*Je suis une personne formidable !*

**Jeudi** _____

_____

_____

_____

**Vendredi** _____

_____

_____

_____

**Samedi** _____

_____

_____

_____

**Dimanche** _____

_____

_____

_____

*Je réussis pleinement ma vie.*

*Je suis une personne formidable !*

Semaine du _____

# 7

au _____

Lundi _____

_____

_____

_____

Mardi _____

_____

_____

_____

Mercredi _____

_____

_____

_____

*"Accroche un sourire à ton visage,*
*ça lui donne du charme."*
Roland Delisle

*Je suis une personne formidable !*

**Jeudi** _____

_____

_____

_____

**Vendredi** _____

_____

_____

_____

**Samedi** _____

_____

_____

_____

**Dimanche** _____

_____

_____

_____

*Je réussis pleinement ma vie.*

*Je suis une personne formidable !*

## Semaine du _____

# 8    au _____

## Lundi _____

_____

_____

_____

## Mardi _____

_____

_____

_____

## Mercredi _____

_____

_____

_____

*"Si vous voulez garder des souvenirs,*
*commencez par les vivre."*
Bob Dylan

*Je suis une personne formidable !*

Jeudi _____

_____

_____

_____

Vendredi _____

_____

_____

_____

Samedi _____

_____

_____

_____

Dimanche _____

_____

_____

_____

*Je réussis pleinement ma vie.*

*Je suis une personne formidable !*

*Semaine du* _____

# 9

*au* _____

*Lundi* _____

_____

_____

_____

*Mardi* _____

_____

_____

_____

*Mercredi* _____

_____

_____

_____

*"Si vous avez confiance en vous-mêmes, vous inspirerez confiance aux autres."*

Johann Wolfgang von Goethe

*Je suis une personne formidable !*

Jeudi _____

_____

_____

_____

Vendredi _____

_____

_____

_____

Samedi _____

_____

_____

_____

Dimanche _____

_____

_____

_____

*Je réussis pleinement ma vie.*

*Je suis une personne formidable !*

Semaine du _____

# 10  *au* _____

*Lundi* _____

_____

_____

_____

*Mardi* _____

_____

_____

_____

*Mercredi* _____

_____

_____

_____

*"Crois en toi, nul ne peut arrêter
qui a confiance en soi."*
Simon de Bignicourt

*Je suis une personne formidable !*

Jeudi _____

_____

_____

_____

Vendredi _____

_____

_____

_____

Samedi _____

_____

_____

_____

Dimanche _____

_____

_____

_____

*Je réussis pleinement ma vie.*

*Je suis une personne formidable !*

Semaine du _____

**11** au _____

Lundi _____

_____

_____

_____

Mardi _____

_____

_____

_____

Mercredi _____

_____

_____

_____

*"Sois toi-même, toutes les autres
personnalités sont déjà prises."*
Oscar Wilde

*Je suis une personne formidable !*

Jeudi _____

_____

_____

_____

Vendredi _____

_____

_____

_____

Samedi _____

_____

_____

_____

Dimanche _____

_____

_____

_____

*Je réussis pleinement ma vie.*

*Je suis une personne formidable !*

Semaine du _____

# 12

*au* _____

Lundi _____

_____

_____

_____

Mardi _____

_____

_____

_____

Mercredi _____

_____

_____

_____

*"Si vous regardez avec attention,
la plupart des succès obtenus du
jour au lendemain prennent
beaucoup de temps."*
Steve Jobs

*Je suis une personne formidable !*

**Jeudi** _____

_____

_____

_____

**Vendredi** _____

_____

_____

_____

**Samedi** _____

_____

_____

_____

**Dimanche** _____

_____

_____

_____

*Je réussis pleinement ma vie.*

*Je suis une personne formidable !*

Semaine du _____

**13** au _____

Lundi _____

_____

_____

_____

Mardi _____

_____

_____

_____

Mercredi _____

_____

_____

_____

*"J'accepte la grande aventure
d'être moi."*
Simone de Beauvoir

*Je suis une personne formidable !*

**Jeudi** _____

_____

_____

_____

**Vendredi** _____

_____

_____

_____

**Samedi** _____

_____

_____

_____

**Dimanche** _____

_____

_____

_____

*Je réussis pleinement ma vie.*

*Je suis une personne formidable !*

Semaine du _____

# 14

*au* _____

Lundi _____

_____

_____

_____

Mardi _____

_____

_____

_____

Mercredi _____

_____

_____

_____

*"J'ai eu beaucoup de problèmes dans ma vie, dont la plupart ne sont jamais arrivés."*
Mark Twain

*Je suis une personne formidable !*

Jeudi _____

_____

_____

_____

Vendredi _____

_____

_____

_____

Samedi _____

_____

_____

_____

Dimanche _____

_____

_____

_____

*Je réussis pleinement ma vie.*

*Je suis une personne formidable !*

Semaine du _____

# 15  *au* _____

Lundi _____

_____

_____

_____

Mardi _____

_____

_____

_____

Mercredi _____

_____

_____

_____

*"Si tu deviens ton propre ami,*
*tu ne seras jamais seul."*
Maxwell Maltz

*Je suis une personne formidable !*

**Jeudi** _____

_____

_____

_____

**Vendredi** _____

_____

_____

_____

**Samedi** _____

_____

_____

_____

**Dimanche** _____

_____

_____

_____

*Je réussis pleinement ma vie.*

*Je suis une personne formidable !*

Semaine du _____

# 16  *au* _____

*Lundi* _____

_____

_____

_____

*Mardi* _____

_____

_____

_____

*Mercredi* _____

_____

_____

_____

*"Croyez en vos rêves et ils se réaliseront peut-être. Croyez en vous et ils se réaliseront sûrement."*
Martin Luther King

*Je suis une personne formidable !*

**Jeudi** _____

_____

_____

_____

**Vendredi** _____

_____

_____

_____

**Samedi** _____

_____

_____

_____

**Dimanche** _____

_____

_____

_____

*Je réussis pleinement ma vie.*

*Je suis une personne formidable !*

*Semaine du* _____

# 17

*au* _____

*Lundi* _____

_____

_____

_____

*Mardi* _____

_____

_____

_____

*Mercredi* _____

_____

_____

_____

*"Diffuse l'amour partout où tu vas.*
*Ne quitte jamais une personne*
*sans le laisser partir*
*plus heureux."*
Mère Thérésa

*Je suis une personne formidable !*

**Jeudi** _____

_____

_____

_____

**Vendredi** _____

_____

_____

_____

**Samedi** _____

_____

_____

_____

**Dimanche** _____

_____

_____

_____

*Je réussis pleinement ma vie.*

*Je suis une personne formidable !*

Semaine du _____

# 18  *au* _____

Lundi _____

_____

_____

_____

Mardi _____

_____

_____

_____

Mercredi _____

_____

_____

_____

*"Accomplissez de grandes oeuvres*
*par une série de petits actes."*
Lao Tseu

*Je suis une personne formidable !*

**Jeudi** _____

_____

_____

_____

**Vendredi** _____

_____

_____

_____

**Samedi** _____

_____

_____

_____

**Dimanche** _____

_____

_____

_____

*Je réussis pleinement ma vie.*

*Je suis une personne formidable !*

Semaine du _____

**19**  *au* _____

Lundi _____

_____

_____

_____

Mardi _____

_____

_____

_____

Mercredi _____

_____

_____

_____

*"Je suis le plus grand. Je l'ai affirmé avant même de savoir que je l'étais."*
Muhammad Ali

*Je suis une personne formidable !*

**Jeudi** _____

_____

_____

_____

**Vendredi** _____

_____

_____

_____

**Samedi** _____

_____

_____

_____

**Dimanche** _____

_____

_____

_____

*Je réussis pleinement ma vie.*

*Je suis une personne formidable !*

Semaine du _____

**20** au _____

Lundi _____

_____

_____

_____

Mardi _____

_____

_____

_____

Mercredi _____

_____

_____

_____

*"Crois en toi. Deviens le genre de personne avec qui tu seras heureuse de vivre toute ta vie."*
Golda Meir

*Je suis une personne formidable !*

Jeudi _____

_____

_____

_____

Vendredi _____

_____

_____

_____

Samedi _____

_____

_____

_____

Dimanche _____

_____

_____

_____

*Je réussis pleinement ma vie.*

*Je suis une personne formidable !*

Semaine du _____

## 21 *au* _____

*Lundi* _____

_____

_____

_____

*Mardi* _____

_____

_____

_____

*Mercredi* _____

_____

_____

_____

*"Ce n'est pas grave si vous avancez lentement, aussi longtemps que vous ne vous arrêtez pas."*
*Confucius*

*Je suis une personne formidable !*

**Jeudi** _____

_____

_____

_____

**Vendredi** _____

_____

_____

_____

**Samedi** _____

_____

_____

_____

**Dimanche** _____

_____

_____

_____

*Je réussis pleinement ma vie.*

*Je suis une personne formidable !*

Semaine du _____

**22**   au _____

Lundi _____

_____

_____

_____

Mardi _____

_____

_____

_____

Mercredi _____

_____

_____

_____

*"Si tu as confiance en toi, tu inspireras confiance aux autres."*
Goethe

*Je suis une personne formidable !*

Jeudi _____

_____

_____

_____

Vendredi _____

_____

_____

_____

Samedi _____

_____

_____

_____

Dimanche _____

_____

_____

_____

*Je réussis pleinement ma vie.*

*Je suis une personne formidable !*

Semaine du _____

**23** au _____

Lundi _____

_____

_____

_____

Mardi _____

_____

_____

_____

Mercredi _____

_____

_____

_____

*"On peut toujours plus que ce que l'on croit pouvoir."*
Joseph Kessel

*Je suis une personne formidable !*

**Jeudi** _____

_____

_____

_____

**Vendredi** _____

_____

_____

_____

**Samedi** _____

_____

_____

_____

**Dimanche** _____

_____

_____

_____

*Je réussis pleinement ma vie.*

*Je suis une personne formidable !*

Semaine du _____

**24** *au* _____

Lundi _____

_____

_____

_____

Mardi _____

_____

_____

_____

Mercredi _____

_____

_____

_____

*"La confiance en soi est le premier secret du succès."*
Ralph Waldo Emerson

*Je suis une personne formidable !*

Jeudi _____

_____

_____

_____

Vendredi _____

_____

_____

_____

Samedi _____

_____

_____

_____

Dimanche _____

_____

_____

_____

*Je réussis pleinement ma vie.*

*Je suis une personne formidable !*

Semaine du _____

**25** au _____

Lundi _____

_____

_____

_____

Mardi _____

_____

_____

_____

Mercredi _____

_____

_____

_____

*"Si vous voulez que la vie vous
sourit, apportez-lui d'abord
votre bonne humeur."*
*Spinoza*

*Je suis une personne formidable !*

Jeudi _____

_____

_____

_____

Vendredi _____

_____

_____

_____

Samedi _____

_____

_____

_____

Dimanche _____

_____

_____

_____

*Je réussis pleinement ma vie.*

*Je suis une personne formidable !*

Semaine du _____

# 26 au _____

Lundi _____

_____

_____

_____

Mardi _____

_____

_____

_____

Mercredi _____

_____

_____

_____

*"Il n'y a pas de limites à ce que
vous pouvez accomplir,
sauf les limites que vous imposez
à votre propre pensée."*
Brian Tracy

*Je suis une personne formidable !*

**Jeudi** _____

_____

_____

_____

**Vendredi** _____

_____

_____

_____

**Samedi** _____

_____

_____

_____

**Dimanche** _____

_____

_____

_____

*Je réussis pleinement ma vie.*

FSC
www.fsc.org
MIXTE
Papier issu
de sources
responsables
Paper from
responsible sources
FSC® C105338